Todo sobre los insectos

Las babosas

John Willis

Paso 1
Ingresa a **www.openlightbox.com**

Paso 2
Ingresa este código único
AVE65946

Paso 3
¡Explora tu eBook interactivo!

Tu eBook interactivo trae...

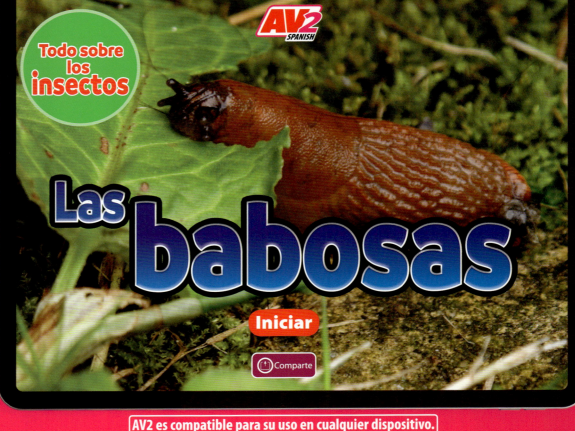

AV2 es compatible para su uso en cualquier dispositivo.

Leer

Audio
Escucha todo el lobro leído en voz alta

Videos
Mira videoclips informativos

Enlaces web
Obtén más información para investigar

¡Prueba esto!
Realiza actividades y experimentos prácticos

Palabras clave
Estudia el vocabulario y realiza una actividad para combinar las palabras

Cuestionarios
Pon a prueba tus conocimientos

Presentación de imágenes
Mira las imágenes y los subtítulos

Comparte
Comparte títulos dentro de tu Sistema de Gestión de Aprendizaje (LMS) o Sistema de Circulación de Bibliotecas

Citas
Crea referencias bibliográficas siguiendo los estilos de APA, CMOS y MLA

Este título está incluido en nuestra suscripción digital de Lightbox

Suscripción en español de K–5 por 1 año
ISBN 978-1-5105-5935-6

Accede a cientos de títulos de AV2 con nuestra suscripción digital.
Regístrate para una prueba GRATUITA en **www.openlightbox.com/trial**

Se garantiza que los componentes digitales de este libro estarán activos por 5 años.

Las babosas

Contenidos

2 Código del libro AV2
4 Esta es la babosa
6 Dónde viven
8 El ciclo de vida
10 La vida sin caparazón
12 Cómo sobreviven
14 Movimientos lentos
16 Sus sentidos
18 Qué comen
20 Su rol en la naturaleza
22 Datos sobre las babosas

Esta es la babosa.

Las babosas son animales pequeños.

Tienen el cuerpo blando y con un lado plano.

Se pueden encontrar babosas en todas partes del mundo.

Viven en lugares húmedos.

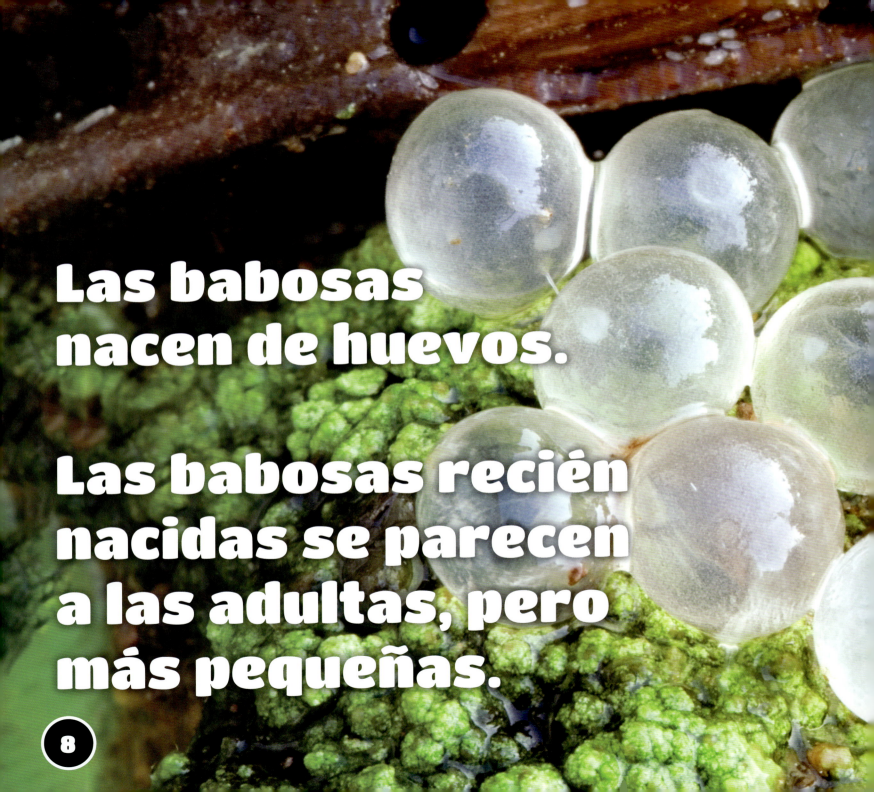

Las babosas nacen de huevos.

Las babosas recién nacidas se parecen a las adultas, pero más pequeñas.

Aunque se parecen a los caracoles, las babosas no tienen caparazón.

Eso les permite moverse más fácilmente por debajo de la tierra.

Las babosas necesitan estar en lugares donde haya agua.

Sin agua, las babosas se secan.

La parte plana de la babosa se llama pie.

Pie

Con su pie, la babosa se desliza lentamente por el suelo.

Las babosas tienen dos pares de tentáculos.

Con sus tentáculos, pueden oler, sentir gustos y percibir lo que hay a su alrededor.

Muchas babosas comen plantas. Otras comen carne.

Estos alimentos les dan todo lo que necesitan para estar sanas.

Las babosas son importantes para la naturaleza.

Pueden ayudar a limpiar los desechos comiendo alimentos en descomposición.

DATOS SOBRE LAS BABOSAS

Estas páginas ofrecen información detallada sobre los interesantes datos de este libro. Están dirigidas a los adultos, como soporte, para que ayuden a los jóvenes lectores a redondear sus conocimientos sobre cada criatura presentada en la serie *Todo sobre los insectos*.

Páginas 4–5

Esta es la babosa. Pertenecen a un grupo de animales llamados moluscos, junto con los calamares, los caracoles y las almejas. Las babosas y los caracoles son gastrópodos. La palabra gastrópodo significa "pie de estómago". Las babosas pueden esconder su cabeza dentro de un área carnosa de su lomo, llamada manto. Sobre el lado derecho del manto tienen una abertura llamada neumostoma, que usan para respirar.

Páginas 6–7

Se pueden encontrar babosas en todas partes del mundo. Viven en todos los continentes. Incluso se han introducido algunas especies en la Antártida. Las babosas y los caracoles son los únicos tipos de moluscos que pueden vivir en la tierra. La babosa más grande de América del Norte, la babosa banana, vive en el noroeste del Pacífico y puede llegar a medir hasta 10 pulgadas (25 centímetros) de largo. Algunas babosas pueden llegar a estirarse hasta 20 veces el largo de su cuerpo.

Páginas 8–9

Las babosas nacen de huevos. Todas las babosas pueden poner huevos. Los ponen en lugares húmedos y seguros. Las babosas pueden poner decenas de huevos en un solo grupo. Los huevos pueden tardar tan solo 10 días en eclosionar o más de 3 meses, dependiendo de la humedad y temperatura del entorno. Al nacer, las babosas bebés se quedan cerca del lugar donde estaban los huevos. Las babosas crecen lentamente. Algunas especies pueden vivir hasta cinco años.

Páginas 10–11

Aunque se parecen a los caracoles, las babosas no tienen caparazón. Las babosas están emparentadas con los caracoles pero, a diferencia de estos, no tienen un caparazón externo. Esta adaptación hace que corran más riesgo de secarse pero les permite trasladarse más lejos y con mayor eficacia que los caracoles. Además, las babosas son menos dependientes del calcio, algo que el caracol necesita para desarrollar su caparazón. Las babosas tienen una forma más aerodinámica, lo que las hace expertas excavadoras. Esto les permite pasar la mayor parte de su tiempo bajo la tierra.

22

Páginas 12–13

Las babosas necesitan estar en lugares donde haya agua. Al igual que sus parientes moluscos, que son mayormente acuáticos, las babosas necesitan un lugar húmedo para no secarse. Las babosas producen una baba que pueden usar para retener la humedad. También pueden absorber la humedad del ambiente a través de la piel. Las babosas corren el riesgo de secarse rápidamente si se exponen a materiales como la sal, que les extrae inmediatamente todo el agua de su cuerpo a través de la piel.

Páginas 14–15

La parte plana de la babosa se llama pie. El pie de la babosa le permite desplazarse. Para moverse, la babosa envía una onda hacia el pie, que la mueve hacia adelante. La baba que segregan las babosas facilita este proceso y protege al pie, permitiéndole moverse por superficies filosas sin lastimarse. Algunos tipos de babosas pueden enrollarse y desenrollarse rápidamente para huir de las amenazas.

Páginas 16–17

Las babosas tienen dos pares de tentáculos. Estos tentáculos están en la cabeza. El par inferior es más corto y lo utilizan principalmente como órgano sensorial y gustativo. El par superior es más largo y cada tentáculo tiene un ojo en la punta. Las babosas también pueden usar ambos pares de tentáculos para oler. Pueden retraer los tentáculos, si lo necesitan, para protegerse. Si pierden un tentáculo, le vuelve a crecer con el tiempo.

Páginas 18–19

Muchas babosas comen plantas. Las babosas tienen un órgano en la boca parecido a una lengua, llamado rádula. La rádula es larga y delgada y está cubierta de dientes pequeños. Esto les permite triturar el alimento para comerlo. Algunas babosas son omnívoras, es decir, comen plantas y carne. Dependiendo de la especie, las babosas pueden comer hongos, plantas, insectos o incluso otras babosas. Las babosas carnívoras pueden seguir la huella de otra babosa para cazarla.

Páginas 20–21

Las babosas son importantes para la naturaleza. Algunas especies de babosas son consideradas plagas porque sus hábitos alimenticios pueden dañar los jardines. Sin embargo, muchas especies de babosas tienen un rol importante en el ecosistema. Algunas son descomponedoras, es decir, consumen materia vegetal y animal muerta o en descomposición. Esto ayuda a los organismos microscópicos a descomponer la materia vegetal y animal con más facilidad, mejorando la calidad del suelo y favoreciendo el crecimiento de las plantas.

Published by Lightbox Learning Inc.
276 5th Avenue, Suite 704 #917
New York, NY 10001
Website: www.openlightbox.com

Copyright ©2026 Lightbox Learning Inc.
All rights reserved. No part of this publication may be reproduced, stored in a retrieval system, or transmitted in any form or by any means, electronic, mechanical, photocopying, recording, or otherwise, without the prior written permission of the publisher.

Library of Congress Control Number: 2024947426

ISBN 979-8-8745-1355-9 (hardcover)
ISBN 979-8-8745-1357-3 (static multi-user eBook)
ISBN 979-8-8745-1359-7 (interactive multi-user eBook)

Printed in Guangzhou, China
1 2 3 4 5 6 7 8 9 0 29 28 27 26 25

102024
101724

Art Director: Terry Paulhus
English Project Coordinator: John Willis
Spanish Project Coordinator: Sara Cucini
English/Spanish Translation: Translation Services USA

Photo Credits
Every reasonable effort has been made to trace ownership and to obtain permission to reprint copyright material. The publisher would be pleased to have any errors or omissions brought to its attention so that they may be corrected in subsequent printings. The publisher acknowledges Alamy, Minden Pictures, Getty Images, and Shutterstock as its primary image suppliers for this title.